きのくに子どもの村
小学校の

# 手づくり
# おもしろ
# 学習プリント
# [ことば]

監修：堀真一郎（きのくに子どもの村学園長）
編著：きのくに子どもの村学園

黎明書房

# きのくに子どもの村のおもしろ学習プリントの考え方

## はじめに

学校法人きのくに子どもの村学園 きのくに子どもの村小学校。

こんな長い名前の小学校が和歌山県の山の村に産声を上げてから３０年余りが過ぎました。続いて中学校と高等専修学校もでき、現在では福井、山梨、福岡、長崎の各県に小学校と中学校が開校しています。学園には、日本のあちこちから「もう一つの子どもの村を」というお誘いが届いています。

本書は、その子どもの村の小学校での基礎学習を進めるために考案されたプリント類の一部です。

## なぜ子どもの村なのか

これまで学園長を務めてきた私（堀）は、元は大阪市立大学に勤める教育学研究者の一人でした。イギリスのニイルやアメリカのデューイの思想と実践に惹かれ、さらに子ども中心の教育理論と実践に学んできました。ところがある時、小学校の高学年の子を対象にした生活実態調査を行ったところ、とてもショッキングな結果が出ました。

質問の１つに「学校でいちばん楽しいのは何ですか」というのがありました。その集計結果で「学習（授業）がいちばん楽しい」と答えた子の割合があまりにも少なくて、ほとんどゼロに近かったのです。

| | |
|---|---|
| 農村の小学生 | 5パーセント |
| 大都市の小学生 | 2パーセント |

いくらなんでも少なすぎます。「友だちと会うのが一番」と答える子があまりに

も多い。大都市では３分の２に迫る勢いです。この結果を見て、私自身も含めて就学前の子どもを持つ親たち数名が「これは大変だ。我が子らのために何とかしたい」と思って「新しい学校をつくる会」が生まれ、我が子らのために学校をつくる活動が始まりました。

## 学習の質を変えよう

「つくる会」は、まず国内と海外に目を向けてユニークな学校について情報を集め、また自分たちの学校の将来像を明確にするために、学校の長期休暇を利用して小学生合宿を始めました。新しい学校の実際について考えるためです。いろいろな準備に８年もかかって、1992 年の４月に最初の小学校がスタートしました。さて、どのような学校になったでしょう。

## 体験学習が中心

まず「先生が知識や技術や道徳を子どもに伝える」という学び方をうんと少なくしました。教科書にたよらないで、私たちが生きる上で不可欠の営み、つまり衣食住などの活動に子どもたちが挑戦して、そこから興味や関心を広げ、より客観的な情報につなげていきます。

最も大事なのは、子ども自身が考える態度と能力です。おぼえる授業から頭をつかう学習への転換といっていいでしょう。子どもたちが、さまざまな問題や課題を解決する方法を考え、「こうすればいいのでは」などと仮説を立て、そのアイデアを実行して確かめる。こういう学習を続けると、教科書の範囲を大きく超えてしまうことが少なくないのです。こういう学び方を私たちは「プロジェクト」と呼ぶことにしました。

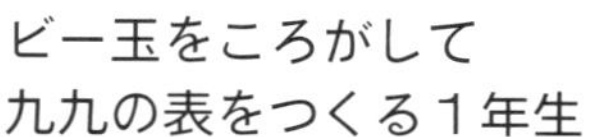
ビー玉をころがして
九九の表をつくる１年生

## 基礎学習は「かず」と「ことば」

このプロジェクトに実際に挑戦すると、どうしても「読み書き算」その他の基礎的な力も必要になります。そのための学習は「基礎学習」と呼ばれています。その中心は「ことば（literacy）」と「かず（numeracy）」です。これは、国語や算数の範囲をかなり超えています。

例えば「ことば」の学習で欠かせない漢字の学習です。私は毎年、「大きな太った犬に吠えられた」（51 ページ）というフレーズから始めます。大人でも楽しくなる言い方ではありませんか。しかし、教科書に合わせた普通のプリントでは使えません。「大きな」と「犬」は１年生の国語に出てきますが、「太った」は、２年生以上の教科書にしか使えないからです。そのうえ「吠える」に至っては、学習指導要領では小学校で習うべき漢字のリストに載っていないのです。

そのほかにもいくつも面白い言い方が工夫されています。例えば「駅の駐車場に馬がいた」（53 ページ）というフレーズでは、汽車も電車もない時代から「駅」という所は存在した、という歴史の話題にまで発展させます。

「かず」のプリントでも「学習指導要領」の範囲を超えて中学校の内容にまで進むことがあります。例えば「ツルカメ算」（『〈かず〉高学年』92 ページ参照）の面白さにはまった小学生たちは、中学校で習う２元連立方程式にまで進みました。５年生や６年生の子でも「“x” と “y” の問題をもっとしたい」と言い出します。長い滑り台を作っている時には、大人（きのくにでは教師のことを大人と呼んでいます）は抜け目なく「すべり台の角度と高さの関係」、つまり中学校の三角関数の初歩にまで子どもたちの目を向けさせました。

## 「たてわり」のクラス編成

教師が知識を子どもたちに伝える学習から、子どもたちが頭をつかう学習へと転換するためには、その好奇心や興味を大切にしなければなりません。だから学年が違っても、プロジェクトでどんな活動がしたいかをもとにクラスがつくられるので、どのクラスも縦割りになります。クラスの名前は「○年○組」ではなくて、「工務店」「ファーム」「げきだん」などになるわけです。１年から６年までの子が同じクラスなので、どこも複数の担任が配置されます。こういう学習内容とクラス編成のもとでは、どこでも話し合いがとても大事です。子どもの村はミーティングの多い学校といってよいでしょう。

## 学力は大丈夫か

学園のこの方式は開校以来ずっと続いています。「学力は大丈夫？」とか「高校に入って困らないか」などと心配する人もないとはいえません。しかし私たちの４年連続の調査では、卒業生たちは高校で驚くほどの好成績を上げています。開校25周年にあたって、あの「学校でいちばん楽しいのは何か」という調査をしました。結果は、プロジェクト（47％）と基礎学習（11％）が最も楽しみという回答が合わせて58パーセントになりました。学校での学習の質を革新するという目標は、かなり達成されたといえるでしょう。

## この「おもしろ学習プリント」の魅力

このプリント集は、子どもの村学園の小学生が、普段の「基礎学習」で実際に使っているものでできています。この子たちは、このプリントが大好きです。休み時間になっても続けたいという子も何人もいます。なぜでしょうか。

プリントに挑戦している１年生たち

まず第１に、このプリントはカラーで印刷されています。モノクロとカラーでは、子どもたちの反応が格段に違います。しかし市販のものは、ほとんどが白黒です。

第２の理由は、中身の多くが日頃の学校生活と結びついています。自分たちのプロジェクトの様子だけではありません。自分たちの写真まで登場します。

第３の理由は競争がないことです。開校間もない頃に転入してきた子の中には、仕上げの順序や仕上がり具合を競う子がありました。今はそんな競争はありません。むしろ骨の折れる問題に出くわすと、隣の子と、あるいは何人かで「ああでもない、こうでもない」といって考える姿も珍しくありません。

題４の理由は、普通の教科書の中身より難しいことに挑戦できることです。例えば「かず編」で紹介されたように「工務店クラス」で、斜面に５メートル四方のテラスを作り、その上に３メートル四方の家を建てました。それがプリントで取り上げられ、（３×３）＋（４×４）＝（５×５）ということを発見しました。中学校で習う「３平方の定理」の始まりです。何人かが「すごーい！」といって手をたたきました。

先に紹介したように漢字にしても学習指導要領の学年配当表にとらわれません。１、２年生の子でも「漢字のプリントには何か秘密があるはず」などといいながら、「竹田君が竹で笛を作って大笑い」（65 ページ）とか「吉田さんが細い糸を結ぶ」（57 ページ）といったフレーズに楽しんで挑戦しています。３、４年生でもローマ字にはまってしまう子もあります。

中学生手作りのクラスの文集（A5 判 170 ページ）が、内容を充実させてホンモノの本として出版された（A５判 253 ページ、黎明書房）。

子どもの村の子どもたちは、普段から文章を書くのが大好きです。どのクラスでも自分たちの学習の記録や自作の物語を綴じて本に仕上げます。中学生が体験学習をまとめてホンモノの本、つまり一般の書店に並ぶ本にして出版したものも数冊あります。

このプリント集を使う子らに、自分で考える楽しみをたっぷり味わってもらいたいと思います。

2024 年 10 月

きのくに子どもの村学園長

堀 真 一 郎

# もくじ

# ひらがな１　1

なまえ：

したの うすい ひらがなを なぞり、つぎに じぶんで かいてみよう。

あたま
あたま

いぬ
いぬ

うま
うま

えんぴつ
えんぴつ

おばけ
おばけ

かに
かに

きつね
きつね

くつ
くつ

けいと
けいと

こども
こども

さかな
さかな

しか
しか

# ひらがな１　2

なまえ：

したの うすい ひらがなを なぞり、つぎに じぶんで かいてみよう。

すずめ

すずめ

せなか

せなか

そら

そら

たこ

たこ

ちゃわん

ちゃわん

つくえ

つくえ

てがみ

てがみ

とら

とら

なつ

なつ

にわとり

にわとり

ぬりえ

ぬりえ

ねこ

ねこ

きのくに子どもの村のおもしろ学習プリント　　ことば

# ひらがな１　３

なまえ：＿＿＿＿＿＿＿＿

したの うすい ひらがなを なぞり、つぎに じぶんで かいてみよう。

のみもの
のみもの

はさみ
はさみ

ひよこ
ひよこ

ふろ
ふろ

へび
へび

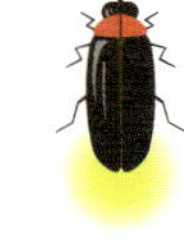

ほたる
ほたる

まち
まち

みかん
みかん

むら
むら

めがね
めがね

もちつき
もちつき

やま
やま

# ひらがな１　4

なまえ：

したの うすい ひらがなを なぞり、つぎに じぶんで かいてみよう。

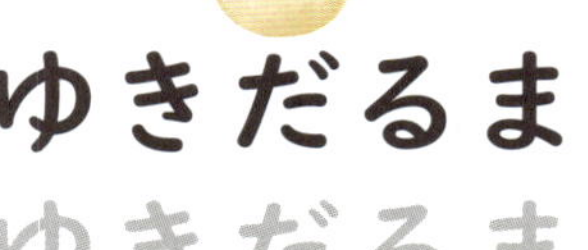

ゆきだるま
ゆきだるま

よる
よる

らくがき
らくがき

りす
りす

るすばん
るすばん

れつ
れつ

ろうや
ろうや

わなげ
わなげ

すいかをわる
すいかをわる

えをかく
えをかく

あんぱん
あんぱん

＊「ん」や「を」で はじまる ことばは、ありません。

きのくに子どもの村のおもしろ学習プリント　ことば

# ひらがな１　5

なまえ：

ひらがなの れんしゅうです。どこかヘンです。ただしく なおしてください。

きのくに子どもの村のおもしろ学習プリント　ことば

# ひらがな２　1

なまえ：

ひらがなの つかいかたが ヘンです。ただしく かきなおそう。

きのくに子どもの村のおもしろ学習プリント　ことば

# ひらがな２　２

なまえ：

ひらがなの つかいかたが ヘンです。ただしく かきなおそう。

わこ

ＪＪまい

わずみ

ぎんきよ

げんたま

こおばん

こばん

ごはん

たなぼた

るうや

はなぴ

きのくに子どもの村のおもしろ学習プリント　ことば

# ひらがな２　3

なまえ：

**ひらがなの つかいかたが ヘンです。ただしく かきなおそう。**

# ひらがな２　4

なまえ：

ひらがなの つかいかたが ヘンです。ただしく かきなおそう。

びよういん

びょういん

きょりゅ

をみこし

をに

にれとり

ほち

かなずち

ちょちょ

とけい

けいと

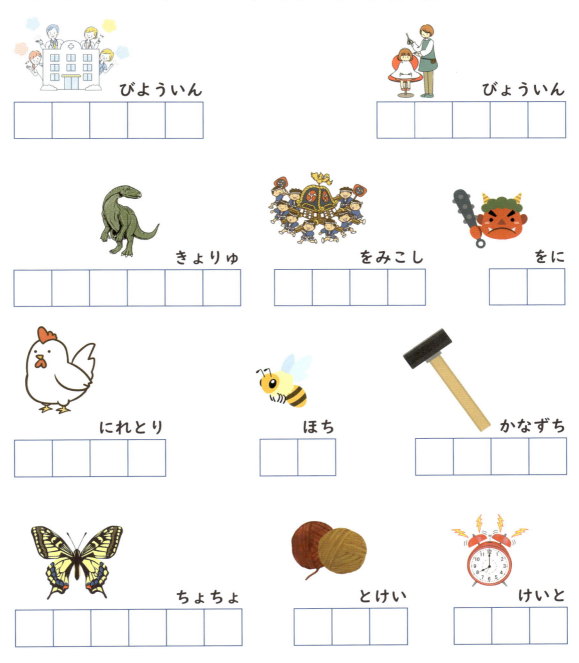

きのくに子どもの村のおもしろ学習プリント　　ことば

# ひらがな２　5

なまえ：

（　　）のなかから、ただしい もじを えらんで、かきなおそう。

わたし（は・わ）、がっこう（え・へ）いきます。

きのくに（は・わ）、わかやまに あります。

バスで、（え・へ）き（え・へ）いきました。

（を・お）とうさんが、テレビ（お・を）みています。

もちものに（は・わ）、なまえ（お・を）かきましょう。

# カタカナ　1

なまえ：

カタカナで、かくものの なまえを かいてみよう。

どんな ことばを、カタカナで かくのだろう。

がいこくの なまえ、ちめい（ジョン、メアリー、キルクハニティ、アメリカ）

がいこくから きた しなものの なまえ（テレビ、パン、ジュース……）

いきものや はなの なまえ など（ライオン、イノシシ、ユリ、バラ……）

カタカナでは、ながく のばす ときは「ー」を つかいます。

まず、たべものと のみものを カタカナで かいてみよう。

アイスクリーム

| | | | | | | |
|---|---|---|---|---|---|---|
| | | | | | | |

カレーライス

| | | | | | |
|---|---|---|---|---|---|
| | | | | | |

プリン

| | | |
|---|---|---|
| | | |

ハム

| | |
|---|---|
| | |

チキン

| | | |
|---|---|---|
| | | |

サンドイッチ

| | | | | | |
|---|---|---|---|---|---|
| | | | | | |

サラダ

| | | |
|---|---|---|
| | | |

きのくに子どもの村のおもしろ学習プリント　　ことば

# カタカナ　2

なまえ：

たべものと のみものを カタカナで かいてみよう。

きのくに子どもの村のおもしろ学習プリント　ことば

# カタカナ　3

なまえ：

こんどは、いろいろな どうぐを カタカナで かいてみよう。

きのくに子どもの村のおもしろ学習プリント　ことば

# カタカナ 4

なまえ：

いろいろな スポーツなどを カタカナで かいてみよう。

スキー

ゴルフ

テニス

サッカー

ピッチャー

ダンス

バドミントン

ハイキング

バッター

ラグビー

スイミング

# カタカナ　5

なまえ：

いろいろな もののなまえを カタカナで かいてみよう。

シュークリーム

|  |  |  |  |  |  |  |
|---|---|---|---|---|---|---|

パーティ

|  |  |  |  |
|---|---|---|---|

フライパン

|  |  |  |  |  |
|---|---|---|---|---|

コロナ

|  |  |  |
|---|---|---|

チューリップ

|  |  |  |  |  |  |
|---|---|---|---|---|---|

バス

|  |  |
|---|---|

ポテトチップス

|  |  |  |  |  |  |  |
|---|---|---|---|---|---|---|

コンビニ

|  |  |  |  |
|---|---|---|---|

バイオリン

|  |  |  |  |  |
|---|---|---|---|---|

きのくに子どもの村のおもしろ学習プリント　ことば

# カタカナ 6

なまえ：

いろいろな ものの なまえを カタカナで かいてみよう。

# おもしろい言い方 1

なまえ：

日本語には、生き物の名前をつかった おもしろい言い方がたくさんあります。
左の言い方は、右のどのような時に使うでしょう。
線でつないでください。

サルも木からおちる

馬の耳に念仏

牛のよだれ

虎の子

カエルの面に水

カラスの行水

① あの人の話は、まとまりなく、いつまでもダラダラとつづく。

② ○○さんは、みんなに言っていないないしょの貯金を使った。

③ △△さんは、どんなにイヤミを言われても平気な顔だ。

④ ◇◇くんは、ふろに入っても２分で出てくる。

⑤ 泳ぎが得意なＭさんが、ゆだんしておぼれたよ。

⑥ あいつには、どんなにためになる話をしてもムダだ。

# おもしろい言い方　2

なまえ：

**日本語には、生き物の名前をつかった おもしろい言い方がたくさんあります。**
**左の言い方は、右のどのような時に使うでしょう。**
**線でつないでください。**

- ブタにしんじゅ
- カエルの子はカエル
- ネコの手もかりたい
- 犬猿の仲
- エビでタイをつる
- スズメのなみだ

① 親が親なら、子どもも子ども。

② どうしても仲良くなれない関係の二人。

③ こんな少しのお金じゃ、何の役にも立ちません。

④ あの子に宝石を買ってあげても、ちっともにあわない。

⑤ 忙しくてたおれそう。だれでもいいから助けてー。

⑥ すこしお手伝いしただけで、フランス料理をごちそうになった。

きのくに子どもの村のおもしろ学習プリント　ことば

# おもしろい言い方 3

なまえ：

日本語には、生き物の名前をつかった おもしろい言い方がたくさんあります。
左の言い方は、右のどのような時に使うでしょう。
線でつないでください。

|  | |  |
|---|---|---|
| とんぼがえり | ① | あのヤンチャな子が、今日はウソみたいにおとなしい。 |
| タヌキ寝入り | ② | ちょっとした幸運のおかげで、どんどん金持ちになった。 |
| あぶはち取らず | ③ | 東京へ行って、用事がすんだら、すぐ引き返した。 |
| かりてきたネコ | ④ | あいつは、何かをたのむと、すぐにいびきをかく。 |
| うなぎのぼり | ⑤ | よくばって、二人の女の子にお付き合いを申しこんだが、どっちにもフラれた。 |

# おもしろい言い方 4

なまえ：

日本語には、生き物の名前をつかった おもしろい言い方がたくさんあります。
左の言い方は、右のどのような時に使うでしょう。
線でつないでください。

| | |
|---|---|
| 同じあなのムジナ | ① えらい人の前では、きんちょうして体がガチガチに、かたくなる。 |
| サルまね | ② かあちゃんは、何かを言いつける時、とてもやさしい声になる。 |
| しゃちほこばる | ③ すがたは同じでも、ちきゅうとちきゅうぎでは大ちがい。 |
| しりきれとんぼ | ④ AさんとBさんは、いつも何かわるいことを考えている |
| 月とスッポン | ⑤ あの子は、自分で考えないで、わたしとまったく同じことをする。 |
| ねこなでごえ | ⑥ すごいいきおいでしごとをはじめたが、さいごまではつづかなかった。 |

きのくに子どもの村のおもしろ学習プリント　　ことば

# おもしろい言い方　5

なまえ：＿＿＿＿＿＿＿＿

**日本語にはおもしろい言い方がたくさんあります。**
**体の一ぶぶんをつかった言い方です。どっちの意味が正しいでしょう。**

| | |
|---|---|
| なきっつらにハチ | A．こまっている時にまたべつのこまったことがおきる。<br>B．ハチは、ないている子を見るとさしにくる。 |
| のどもとすぎればあつさをわすれる | A．あついものを飲んでも、いぶくろは平気。<br>B．いやなことでも月日がすぎればわすれる。 |
| 目を丸くする | A．すごくめずらしいものを見ておどろく。<br>B．眼医者さんで大きく目を開けてみてもらう。 |
| 頭をひやす | A．かぜで熱が出たらタオルに水をふくませてひたいにのせるとよい。<br>B．はらが立ってしかたがない時は、じっくり考える。 |
| 八方美人 | A．まわりはみんな、きれいな女の人ばかり。<br>B．だれにでもいい顔をするずるい人。 |
| 首がまわらない | A．お金がたりない。こまった、こまった。<br>B．体のいろいろな部分がギクシャクする。 |

きのくに子どもの村のおもしろ学習プリント　ことば

# おもしろい言い方 6

なまえ：＿＿＿＿＿＿＿＿

日本語には「敬語（けいご）」という大きく分けて３つの言い方があります。

１．相手（あいて）を尊敬（そんけい）して言う言い方。（尊敬語）

（例）社長が来た。⇒社長がいらっしゃった。

２．自分をへりくだって言う言い方。（謙譲語（けんじょうご））

（例）社長からお土産（みやげ）をもらった。⇒社長からお土産をいただいた。

３．ていねいな言い方。（丁寧語（ていねいご））

（例）社長の自宅（じたく）へ行った。⇒社長のご自宅へおうかがいした。

敬語を使った言い方に変えてみよう。（＿＿＿のことばにご注意！）

１．客がたくさんのお土産をくれた。

２．郵便局（ゆうびんきょく）は、信号（しんごう）のむこうにある。

３．この次は、いつ、来ますか。

４．入学、おめでとう。

５．会社へ行って社長に会った。

# わらいばなし　1

なまえ：＿＿＿＿＿＿＿＿＿＿

**次の話を読んで 最後の「　　」の中におもしろい一言を、［　　　］から選んで書き入れてください。**

ひろし君が、自分の家の庭に穴をほっています。
その様子を見たとなりのおばさんが声をかけました。

おばさん　「ねえ、ひろし君、なにしているの？」
ひろし　「穴をほっているんだよ。」
おばさん　「へえ、なんのための穴なの？」
ひろし　「じつはね、ぼくんちの金魚が死んじゃったんだ。」
おばさん　「じゃあ、その金魚を埋めてあげるのね。」
ひろし　「うん、そうだよ。」
おばさん　「でも、金魚を埋めるにしては、ずいぶん大きな穴ね。」
ひろし　「これくらいは大きくしないとね。」
おばさん　「金魚を埋めるにしては、大きすぎない？」
ひろし　「いやあ、これくらいは大きくしないと。」
おばさん　「よっぽど大きな金魚だったのね？」

ひろし　「＿＿＿＿＿＿＿＿＿＿＿＿＿＿＿＿＿＿＿＿

＿＿＿＿＿＿＿＿＿＿＿＿＿＿＿＿＿＿＿＿」

Ａ．そうなんだよ。すごくでっかい金魚が死んじゃったんだ。
Ｂ．ぼくの金魚を食べたのは、おばさんちのネコなんだよ。

# わらいばなし　２

なまえ：＿＿＿＿＿＿＿＿＿＿＿＿

**次の話を読んで最後の「　　」の中におもしろい一言を、［　　　］から選んで書き入れてください。**

あるレストランで、となり同士になった２人の会話。

客１「あなた、お生まれはどちらですか？」
客２「私はね、福井県の勝山という町の生まれです。」
客１「ええっ！　なんですって。私も同じ勝山の生まれなんですよ。」
客２「まさか本町通りではないでしょうね。」
客１「いやいや、本町通り生まれです。」
客２「なんとなんと！　こりゃ、びっくりだ。ところで、あなた、お年はいくつです？」
客１「３８歳ですよ。年まで同じなのですか。まさか、誕生日まで同じではないでしょうな。」
客２「私の誕生日ですか？　５月２８日ですが……。」
客１「ええっ！　これは、これは、なんという偶然でしょう。」

２人の会話を聞いていた別の客が、レストランの料理長に声をかけた。
客３「世の中には、こんなにすごい偶然があるものですねえ。」
料理長「あの２人は、よく来てくれる客ですが、しかし………、

＿＿＿＿＿＿＿＿＿＿＿＿＿＿＿＿＿＿＿＿＿＿＿＿」

Ａ．じつは、あの二人は双子の兄弟なんですよ。
Ｂ．ほんとにすごい偶然ですなあ。ほかのお客さんも、聞いていてびっくりしますよね。

# ことわざ　1

なまえ：＿＿＿＿＿＿＿＿＿＿

次の「ことわざ」は、A、B、どちらの意味でしょう。

①スズメ１００まで おどり忘れず。

A．子どもの時に教わったことは、大人になってもおぼえている。

B．スズメは人間とはちがって、年寄りになっても元気いっぱいだ。

②千里の道も一歩から

A．長い道を歩き始めるときは、慎重に第一歩をふみ出そう。

B．何事も、まず始めないとよい結果は得られない。

③口は災いのもと

A．口は、いろいろな病気にかかりやすい。注意しよう。

B．余計なことをしゃべると、損をすることも多い。

④背に腹はかえられぬ

A．新しいゲームを買うためには、友だちとの旅行を我慢するしかない。

B．ひどくおなかがすいたら、背中をなでてみよう。

⑤仏の顔も三度まで

A．仏様にお参りするときは、そのお顔を三度よくおがみましょう。

B．どんなにやさしい人にでも、何度も無理を言ってはいけません。

⑥住めば都

A．どんな所に住んでも、慣れてくると「ここがいい」と感じる。

B．どうせ住むなら大きな町の方がいろいろと便利です。

# ことわざ　2

なまえ：

次の「ことわざ」は、A、B、どちらの意味でしょう。

①なさけは人のためならず

A．困っている人をあまり助けすぎると、その人は努力しなくなる。

B．困っている人にやさしくする人は、自分が困った時にだれかが助けてくれる。

②苦しい時の神だのみ

A．どうにもならないくらい困った時は、だれかが助けてくれる。

B．ふだんは神様も仏様も無視しているくせに、困った時だけ神社やお寺へお願いに行く。

③わたる世間に鬼はない

A．世の中には必ずやさしくしてくれる人がいる。安心しなさい。

B．昔はともかく、今日の日本では鬼はいなくなった。

④寄らば大樹のかげ

A．雷が近づいたら大きな木の下の方が安心だよ。

B．何か困った時は、金持ちや地位の高い人にたよりなさい。

⑤花より団子

A．見かけのいいものより、中身のいいものの方がうれしい。

B．桜を見に行く時は、甘いものを食べながら楽しみましょう。

⑥盗人にも三分の理

A．どんなに悪い人でも、見つかるとなんとか言いわけをする。

B．盗みがうまくいくかどうかは、最初の３分で決まる。

# ことわざ　3

なまえ：

次の「ことわざ」は、A、B、どちらの意味で使われているでしょう。

①去る者は、日々に疎し

A．けんか別れした相手のことは、めったに思い出さない。

B．どんなに親しい人でも、会わなくなるとだんだん忘れる。

②船頭多くして船山にのぼる

A．世話をする人が多すぎると、かえってまとまらない。

B．一つの船に船頭さんが多いと、どんな所へでも行ける。

③木を見て森を見ず

A．大きな森は、２、３本の木を見れば、どんな森なのかわかる。

B．ほんの一部分だけを見て全体の判断をしてはいけません。

④二兎を追うもの、一兎をも得ず

A．ウサギは、敵におそわれると２匹のペアになってうまく逃げる。

B．一度に２つのことを欲ばっても、うまくいかないことが多い。

⑤果報は寝て待て

A．病気で寝ている時、だれかが果物をもって見舞いに来てくれる。

B．何かいいことは、そのうちやってくる。

⑥井の中の蛙、大海を知らず

A．せまい社会でとくいにならないで、広くて大きい世界を知ろう。

B．カエルは、せまい池では元気だが、海ではぜんぜんダメ。

きのくに子どもの村のおもしろ学習プリント　　ことば

# お話づくり　1

なまえ：

お話(はなし)のつづきをかんがえてみよう。

むかしむかし、ももたろうが、おにたいじにでかけました。とちゅうで、イヌと、サルと、キジが「いっしょにたたかいます。ですから、きびだんごをください」といいました。でも、きびだんごは、もうひとつものこっていません。そこで……

# お話づくり　2

なまえ：

## お話のつづきをかんがえてみよう。

たけしくんのお父さんとお母さんは、毎ばん、ビールを飲みます。とってもおいしそうです。たけしくんは、「きっとおいしいにちがいない」と思って、お母さんのいないうちに、こっそり飲んでみようとしました。ところがその時、お母さんが……

# お話づくり 3

なまえ：

## お話のつづきをかんがえてみよう。

ピーターには、好きな女の子がいます。名前はナンシーといいます。でも、こまったことに、ピーターのお父さんと、ナンシーのお父さんは、けんかばかりしています。ピーターは、ナンシーと遊んではいけない、ときびしく言われています。

きのくに子どもの村のおもしろ学習プリント　　ことば

# お話づくり　4

なまえ：

**お話のつづきをかんがえてみよう。**

　しんじくんは、おかあさんとおおげんかをしました。はらを立てたしんじくんは、家をとび出しました。しばらく走っていると、赤と黄色と緑の服を着たかわいいちいさな女の子があらわれました。「わたしについてらっしゃい」といいます。しんじくんは……

# お話づくり 5

なまえ：

**お話のつづきをかんがえてみよう。**

ごうじょう者のしんちゃんには、好きな女の子がいます。名前は順子ちゃんといいます。でも、「いっしょに遊ぼう」っていえません。ドキドキしてしまうのです。しかたないので、となりの末ちゃんと遊んでいたら、順子ちゃんがきて「わたしと遊ぼう」といいました。さて、しんちゃんは……

# お話づくり　6

なまえ：

**お話のつづきをかんがえてみよう。**

むかしむかし、ヒジンマンという小さな国に、すごく強い王様がいました。コロナにかかる人がふえたので、「いかなる時にもマスクをはずしてはならん。はずしたら死刑だ」という法律をつくりました。さあ、大変……

きのくに子どもの村のおもしろ学習プリント　　ことば

# お話づくり　7

なまえ：

## お話のつづきをかんがえてみよう。

むかしむかし、彦谷という山の村におばけが出ました。
これまで見たこともないような変わったおばけなのです。
どんなおばけかというと……、

# お話づくり　8

なまえ：

## お話のつづきをかんがえてみよう。

ある日、たか子さんが犬のポポと散歩をしていた時です。とつぜん、ポポが立ち止まって「ここほれ、ここほれ」と、何度もほえました。そこでほってみると、なんと…………

きのくに子どもの村のおもしろ学習プリント　ことば

# 漢字のひみつ１

漢字の読み方いろいろ１

なまえ：

同じ漢字でもちがった読み方になることがあるぞ。
――部分に読み仮名をつけてみよう。

東京都

太陽は東の空にのぼる

東下（くだ）り　（昔の言い方で京や大阪から東へ行くこと）

南十字星

南海電車

南無阿弥陀仏

駅の西口

ヨーロッパは西洋

東西

北九州

北斗七星

敗北した

きのくに子どもの村のおもしろ学習プリント　ことば

# 漢字のひみつ1

## 漢字の読み方いろいろ2

なまえ：

同(おな)じ漢字(かんじ)でもちがった読(よ)み方(かた)になることがあるぞ。
――部分(ぶぶん)に読み仮名(がな)をつけてみよう。

便利な宅急便でも便りは送れません

留学する　留守番電話　書留郵便

本を読む　読書週間　句読点を打つ

兄と弟を合わせて兄弟

体育　体をきたえる　体裁が悪い

# 漢字のひみつ2

漢数字編1

なまえ：

ちょっとのちがいに気をつけて練習してみよう。

1 一生のおねがい

2 二枚舌をつかう

3 三々九度

きのくに子どもの村のおもしろ学習プリント　ことば

# 漢字のひみつ2

漢数字編2

なまえ：

ちょっとのちがいに気をつけて練習(れんしゅう)してみよう。

4 四捨五入(ししゃごにゅう)

四角四面の人(しかくしめんのひと)

5 五十音(ごじゅうおん)

きのくに子どもの村のおもしろ学習プリント　ことば

# 漢字のひみつ２

漢数字編３

なまえ：

ちょっとのちがいに気をつけて練習してみよう。

6 六べえうどん（長崎県の島原半島で食される　サツマイモが原料のうどん）

7 七転び八起き

七福神

きのくに子どもの村のおもしろ学習プリント　ことば

# 漢字のひみつ２

漢数字編４

なまえ：

ちょっとのちがいに気をつけて練習(れんしゅう)してみよう。

8 腹八分目(はらはちぶんめ)

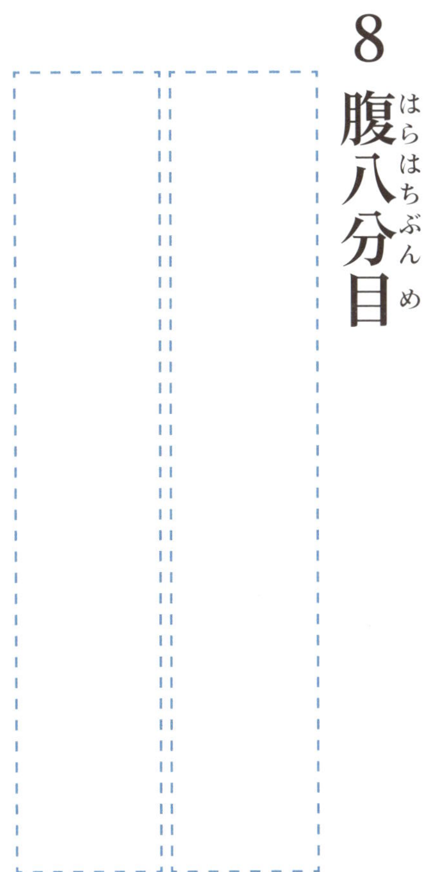

村八分(むらはちぶ)

9 九死に一生(きゅうしにいっしょう)

きのくに子どもの村のおもしろ学習プリント　ことば

# 漢字のひみつ2

漢数字編5

なまえ：

ちょっとのちがいに気をつけて練習(れんしゅう)してみよう。

9 九官鳥(きゅうかんちょう)

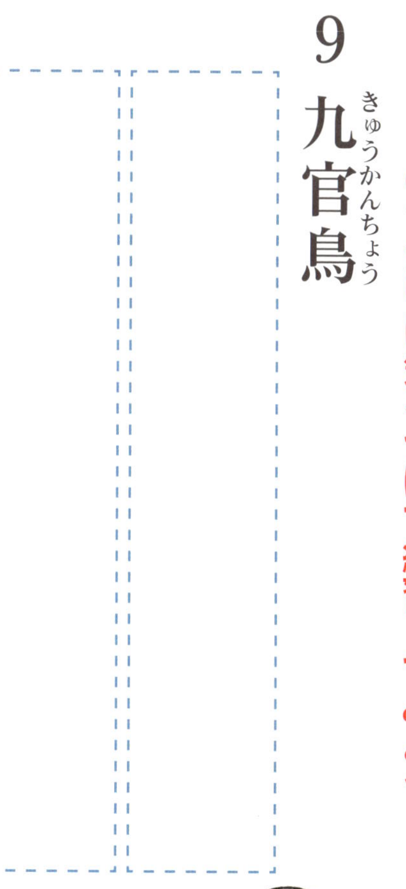

10 十人十色(じゅうにんといろ)

十五夜(じゅうごや)

# 漢字のひみつ2

## 漢数字編6

なまえ：

ちょっとのちがいに気をつけて練習してみよう。

100 百害あって一利なし

百人一首

1000 鶴は千年、亀は万年

きのくに子どもの村のおもしろ学習プリント　ことば

# 漢字のひみつ3

なまえ：

☆苗字に「大」「中」「小」の文字が入っている人があります。

例・大山、中山、小山

例・大田、中田、小田

次の漢字を使って、たくさんの苗字を作ってみよう。

川、谷、林、森、畑、西、島、野、村

# 漢字のひみつ4

1

なまえ：

ちょっとのちがいに気をつけて練習(れんしゅう)してみよう。

1 大きな太(ふと)った犬(いぬ)に吠(ほ)えられた

2 一日一回(かい)、自分(じぶん)で目ぐすりをさす

3 白(しろ)い花が百本(ひゃっぽん)

きのくに子どもの村のおもしろ学習プリント　ことば

# 漢字のひみつ４

２

なまえ：

ちょっとのちがいに気をつけて練習してみよう。

1 今日はよく晴れて青空がきれい

2 歩道を少し歩いて止まった

3 桜の木の横に松と杉がある

# 漢字のひみつ4

3

なまえ：

ちょっとのちがいに気をつけて練習(れんしゅう)してみよう。

1 駅(えき)の駐車場(ちゅうしゃじょう)に馬(うま)がいた

2 南鳥島(みなみとりしま)では烏(からす)などの鳥(とり)は鳴(な)いていない

3 ちょっと体(からだ)を休(やす)めよう

# 漢字のひみつ４

4

なまえ：

ちょっとのちがいに気をつけて練習（れんしゅう）してみよう。

1 風呂場（ふろば）でお湯（ゆ）に水を注（そそ）ぐ

2 海（うみ）の水で泳（およ）ぐことを海水浴（かいすいよく）という

3 タヒチ島（とう）で死（し）んだ

きのくに子どもの村のおもしろ学習プリント　ことば

# 漢字のひみつ４

5

なまえ：

ちょっとのちがいに気をつけて練習してみよう。

1 森や林には木がいっぱい

2 材木から板や柱をつくる

3 手品が上手な人、下手な人

きのくに子どもの村のおもしろ学習プリント　ことば

# 漢字のひみつ４

6

なまえ：

ちょっとのちがいに気をつけて練習してみよう。

1 他人の土地に池を作った

2 雲が出て雷が鳴り大雪になった

3 先生がすごく元気だ

きのくに子どもの村のおもしろ学習プリント　ことば

# 漢字のひみつ４

7

なまえ：

ちょっとのちがいに気をつけて練習してみよう。

1 思いやりの心を忘れてはいけない

2 吉田さんが細い糸を結ぶ

3 門を開けたり閉めたり

# 漢字のひみつ4

8

なまえ：

ちょっとのちがいに気をつけて練習(れんしゅう)してみよう。

1 親(おや)が新聞(しんぶん)を見ている

2 他(ほか)の人の話(はなし)に聞(き)き耳を立てる

3 子どもが学校という字(じ)を書(か)く

# 漢字のひみつ4

9

なまえ：

ちょっとのちがいに気をつけて練習(れんしゅう)してみよう。

1 明日(あした)は晴(は)れるだろう

2 朝(あさ)は明(あか)るい、夜(よる)は暗(くら)い

3 金メダル銀(ぎん)メダル銅(どう)メダル

# 漢字のひみつ4

10

なまえ：

ちょっとのちがいに気をつけて練習してみよう。

1 花の種から芽が出て葉が出た

2 物語を読んで詩をつくる

3 談話室で火の用心の相談をする

きのくに子どもの村のおもしろ学習プリント　ことば

# 漢字のひみつ４

11

なまえ：

ちょっとのちがいに気をつけて練習（れんしゅう）してみよう。

1 緑（みどり）の紙（かみ）に細（ほそ）い線（せん）の絵（え）を描（か）く

2 筆箱（ふでばこ）に鉛筆（えんぴつ）がいっぱい

3 おなかが痛（いた）いので病院（びょういん）へ行（い）った

きのくに子どもの村のおもしろ学習プリント　ことば

# 漢字のひみつ４

12

なまえ：

ちょっとのちがいに気をつけて練習してみよう。

1　神社で神様にお礼をする

2　小さい石を砂、大きい石を岩という

3　親といっしょに展覧会の絵を見る

# 漢字のひみつ４

13

なまえ：

ちょっとのちがいに気をつけて練習してみよう。

1　多くの貝を買った費用で貯金がゼロに

2　野球では投手が投げて打者が打つ

3　だれかが捨てたゴミをみんなで拾う

# 漢字のひみつ４

14

なまえ：

ちょっとのちがいに気をつけて練習(れんしゅう)してみよう。

1 弓(ゆみ)を強(つよ)く引(ひ)いて矢(や)をとばす

2 弱(よわ)い兄(あに)と強(つよ)い弟(おとうと)という兄弟(きょうだい)

3 指(ゆび)で拾(ひろ)って手(て)で投(な)げる

# 漢字のひみつ4

15

なまえ：

ちょっとのちがいに気をつけて練習(れんしゅう)してみよう。

1 歯(は)でよく噛(か)んで味(あじ)わいましょう

2 お墓(はか)に百日草(ひゃくにちそう)という草が生(は)えた

3 竹田君(たけだくん)が竹(たけ)で笛(ふえ)を作(つく)って大笑(おおわら)い

# 漢字のひみつ４

16

なまえ：

ちょっとのちがいに気をつけて練習(れんしゅう)してみよう。

1 林の中の火遊(あそ)びは禁止(きんし)

2 お寺(てら)の前(まえ)で詩集(ししゅう)を持(も)って人を待(ま)つ

3 矢野(やの)さんが鉄(てつ)をつくるのに大失敗(しっぱい)

# 漢字のひみつ5

## 変わった読み方1

なまえ：

漢字(かんじ)の熟語(じゅくご)の中には、ずいぶん違(ちが)った読(よ)み方(かた)のものがあります。
どのように読んだらいいでしょう。

1 流石は大谷翔平。一流選手だ。

2 大雪で風が吹いて吹雪になった。

3 凸凹が多くて歩きにくい道だ。

4 中国産のお土産をもらった。

5 太刀魚は、秋刀魚より細長い。

6 微笑とは、微笑むことです。

7 先生が山の方へ行って行方不明。

きのくに子どもの村のおもしろ学習プリント　ことば

# 漢字のひみつ５

## 変わった読み方２

なまえ：

漢字(かんじ)の熟語(じゅくご)の中には、ずいぶん違(ちが)った読(よ)み方(かた)のものがあります。どのように読んだらいいでしょう。

1 青果店で果物を買う。

2 よく晴れて空は真っ青。

3 田舎で田んぼに苗を植える。

4 真ちゃんは強情だが真面目だ。

5 柔和な顔の柔道選手。

6 五月一日に五月晴れになった。

7 七月七日は七夕。

きのくに子どもの村のおもしろ学習プリント　ことば

# 漢字のひみつ5

## 変わった読み方3

なまえ：

漢字の熟語の中には、ずいぶん違った読み方のものがあります。
どのように読んだらいいでしょう。

1 これは一大事。他人事ではない。

2 多田さんはよく笑う。笑顔が多い。

3 舞台の上で台詞の練習を始める。

4 先生が芝生で生ビールを飲む。

5 赤い小さな豆を小豆という。

6 五月雨は五月に降る雨ではない。

7 足にはく袋を足袋という。

# つなぎのことば　1

なまえ：

（　　）の中に、ちょうどよいことばを下の［　　］からえらんで、書き入れてください。

1　きのうは大雨だった。（　　　　）きょうは、すばらしい天気になった。

2　デパートで、おかあさんにフランス人形、（　　　　）かわいいぼうしを買ってもらった。

3　ようこちゃんが、私にはらをたてている。（　　　　）私が、やくそくをまもらなかったからだ。

4　３時のおやつはどちらがいい？　ビスケット？（　　　　）アイスクリーム？

5　天気よほうで、今日の午後は雨ふりになるといっていた。（　　　　）かさを持ってきたんだ。

だから、　そして、　なぜなら、　それとも、　しかし、

# つなぎのことば　2

なまえ：

（　　）の中に、ちょうどよいことばを下の［　　］からえらんで、書き入れてください。ことばは一回ずつ使います。

1　きのう、ハイキングに行った。家を出た時は晴れていた。
（　　　　　　）きゅうに風がすごく強くなった。
（　　　　　　）雨までふり出したのだ。

2　ひどい雨風になってしまった。（　　　　　　）私たちは歩きつづけた。（　　　　　　）その時、大きな車がうしろからやってきて私たちを乗せてくれた。

3　運転していたおじさんは、とてもやさしくて、おいしいおかしをくれた。（　　　　　　）私たちの家まで送ってくださったのだ。

4　（　　　　　　）昨日の日曜日はさんざんだった。
（　　　　　　）とてもいい思い出になった。

しかし、　そのうえ、　それでも、　ところが、
すると、　こういうわけで、　それだけではなくて、

# 長い文を読む　1

なまえ：

次の文を読んで、あとの質問に答えよう。

私の子どものころの村では、今よりずっと雪が多かった。道路や水たまりに氷がはったこともある。そんな寒い朝になると私たちは、近くの小さくて浅い池へ出かけた。池はとても浅いので、うまく氷がはっていれば、みんなでスケートを楽しめるのだ。しかし、たいていはガッカリして帰ってくる。前の夜のうちに塩をまいておく老人がいたからだ。私たち子どもは「クソいまいましいジジイめ」とのろったものだ。（ニイル『ニイルのおバカさん』）

（1）次のことばに読み仮名をつけましょう。

道路　寒い朝　浅い池　塩　老人

（2）老人は、なぜ、塩をまいたのですか。この老人のことをあなたはどう思いますか。

# 長い文を読む　2

なまえ：

**次の文を読んで、あとの質問に答えよう。**

　しんちゃんは、いたずら大好き人間だ。雪がたくさんふった日、雪道に落とし穴をつくった。まず、ふみかためた雪の上に３０センチほどの円をかく。深さは１０センチくらい。そのまーるく円になった雪をそーっと持ち上げる。それを横においてから、穴をもっと深くほり下げる。穴が十分に深くなったら、さっきのまーるい雪をそーっと穴の上にかぶせる。そして、そのまわりを手の平でなでつける。これで完成だ。ものかげにかくれて、だれかがくるのを待つ。

　この日、しんちゃんの落とし穴のギセイになったのは、おばあちゃんだ。荷物をわきにかかえてやってきたおばあちゃんが、それはそれは見事にはまってくれたのだ。おばあちゃんがさけぶ。「だれっ？　こんなことしたのは！　足の骨を折ったら大変よッ！」かげで見ていたしんちゃんは、もう、うれしくて仕方がない。ひっしでこらえたけれど、とうとう大声でわらってしまった。もちろん、思いっきりしかられた。でも…………、（堀真一郎『ごうじょう者のしんちゃん』）

**（１）次のことばに読み仮名をつけましょう。**

雪道　落とし穴　深さ　見事　荷物　仕方

**（２）しかられたしんちゃんの気持ちはどうだったのでしょう。**

# 長い文を読む 3

なまえ：

**次の文を読んで、あとの質問に答えよう。**

「ありえないほど普通の人」

これは、キルクハニティという学校を作ったジョン校長のお墓にきざまれたことばである。「当たり前のことを徹底的に実行した人」という意味だ。この人の生き方をこれほどはっきりと表したことばはない。

たとえば彼は反戦平和主義者であった。世の中に「戦争はいけない」という人は多い。しかし行動でそれを押し通せる人はそんなにはいない。

ところが彼は、良心的兵役拒否をつらぬいた。第２次世界大戦中に軍隊に入れと命令されたけれど、これを拒否した。命令に応じなかったのだ。裁判にかけられた。「入隊を免除する代わりに軍隊の道路工事に従事せよ」という判決が出た。ジョン校長はこれも拒否した。軍隊の道路工事を受け入れたのでは、戦争に協力することになるからだ。

それだけではない。なんと、敵国の人を教員としてやとったり、子どもを生徒として受け入れたりしたのだ。カンカンになった地元の人に待ち伏せされて、ふくろだたきにされたこともある。しかし、それでもジョン校長は戦争反対を言いつづけた。

**この文を読んで思ったことや感じたことを書いてください。**

# 長い文を読む　4

なまえ：

次の文を読んで、あとの質問に答えよう。

子どもの好奇心

０歳の赤ちゃんは、何かを見つけて手でつかむと、すぐにそれを口へ持っていく。食べようとしているのではない。どういうものなのか調べようとしているのだ。乳児にとって、いちばん感覚が鋭いのは口なのだから。

もう少し発達が進むと今度は何でもかんでも手でさわろうとする。好奇心に満ちあふれているのだ。３歳か４歳ころになると、どの親でも子どもたちの「なぜ？」の連発に悩まされる。

「なぜ、犬は吠えるのか」

「どうしてウンチはおしりから出るのか」、

「なぜ空は青いか」などなど……。

幼児の好奇心はとにかくはげしい。

しかし、残念なことに……

これに続けて自分の考えを書いてみよう。

# ローマ字 1

Namae：

アルファベットの文字を使(つか)って日本語(ご)を表(あらわ)します。「訓令式(くんれいしき)」と「ヘボン式」の２種類(しゅるい)があります。パソコンで打(う)ちやすいヘボン式を使います。

| わ wa | ら ra | や ya | ま ma | は ha | な na | た ta | さ sa | か ka | あ a |
|---|---|---|---|---|---|---|---|---|---|
| | り ri | | み mi | ひ hi | に ni | ち chi | し shi | き ki | い i |
| を wo | る ru | ゆ yu | む mu | ふ fu | ぬ nu | つ tsu | す su | く ku | う u |
| | れ re | | め me | へ he | ね ne | て te | せ se | け ke | え e |
| ん n/nn | ろ ro | よ yo | も mo | ほ ho | の no | と to | そ so | こ ko | お o |

| | | | | | | | | | |
|---|---|---|---|---|---|---|---|---|---|
| | | | ぱ pa | ば ba | | だ da | ざ za | が ga | |
| | | | ぴ pi | び bi | | ぢ ji | じ ji | ぎ gi | |
| | | | ぷ pu | ぶ bu | | づ zu | ず zu | ぐ gu | |
| | | | ぺ pe | べ be | | で de | ぜ ze | げ ge | |
| | | | ぽ po | ぼ bo | | ど do | ぞ zo | ご go | |

| ぴゃ pya | びゃ bya | じゃ ja | ぎゃ gya | りゃ rya | みゃ mya | ひゃ hya | にゃ nya | ちゃ cha | しゃ sha | きゃ kya |
|---|---|---|---|---|---|---|---|---|---|---|
| ぴゅ pyu | びゅ byu | じゅ ju | ぎゅ gyu | りゅ ryu | みゅ myu | ひゅ hyu | にゅ nyu | ちゅ chu | しゅ shu | きゅ kyu |
| ぴょ pyo | びょ byo | じょ jo | ぎょ gyo | りょ ryo | みょ myo | ひょ hyo | にょ nyo | ちょ cho | しょ sho | きょ kyo |

# ローマ字　2

Namae：＿＿＿＿＿＿＿＿＿＿＿＿

前のページの文字を使って日本語を書くことができます。
しかし以下のことに注意してください。

1　「とうきょう」の「う」のように長くのばす場合。
　ロー字では省略することが多い。＜例＞ Toukyou ⇒ Tokyo

2　「お」を長くのばす場合には、「h」をつけることもある。
　＜例＞　伊藤洋子　Ito Yoko, Itoh Yohko（どちらでもよい）

3　「を」は「wo」と書く。

4　「ん」は、ローマ字でことばや文を書く時は“n”だけ。
　日本語の文をパソコンなどで書く時は“nn”の方がよい。

5　「し」「ち」「つ」「ふ」「じ」「ぢ」は
　“shi”“chi”“tsu”“fu”“ji”“ji”がおすすめ。
　（このほうが、外国の人に正しい日本語の発音になるので）

6　「きっぷ」や「ヨット」のように小さい「つ」をつかう時は、次の最初の文字を
　２回かさねる。＜例＞”kippu”“yotto”

7　次に“b”や“p”が来る時“n”を“m”に変える こともある。
　＜例＞ tombo, sampo,

8　人名や地名の最初の文字は大文字で書く。
　＜例＞ Osaka,Hokkaido, Yamada Taro

次のローマ字を読んで日本語に直してみよう。

| panda | koara | onigiri |
|---|---|---|
| ------------- | ------------- | ------------- |
| sushi | tsumiki | fujisan |
| ------------- | ------------- | ------------- |
| kappa | toramporin | tsukushi |
| ------------- | ------------- | ------------- |

# ローマ字 3

Namae：

ローマ字で書く練習をしよう。まずは、うすい文字をなぞってから、次に自分で書いてみよう。

gakko
gakko

himawari
himawari

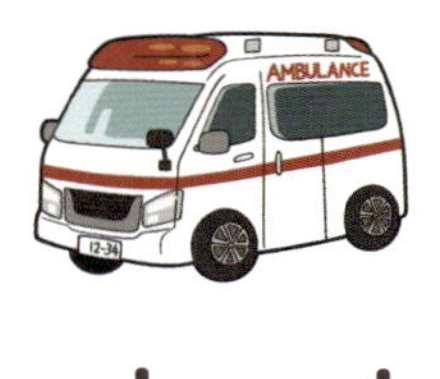


kyukyusha
kyukyusha

issunboshi
issunboshi

mochitsuki
mochitsuki

taketombo
taketombo

komamawashi
komamawashi

yakkodako
yakkodako

ninjin
ninjin

# ローマ字　4

Namae：

次の日本語のことばをローマ字で書いてみよう。

おはよう　　こんばんは　　こんにちは

おはよう　ございます　　おやすみなさい

ありがとう　ございます　　ごちそうさま

地名と人名をローマ字で書いてみよう。（最初の文字は大文字で）

北海道　　札幌

九州　　四国

長崎　　瀬戸内海（せとないかい）

矢野（やの）　理恵子（りえこ）　　佐藤（さとう）　真理子（まりこ）

森田（もりた）　太郎（たろう）　　森（もり）　真一（しんいち）

＊ n の次に a, i, u, e, o が続くときは、n の次に短く - をいれるとよい。

# いろいろな外来語　1

なまえ：

日本語の中には外国のことばが入ってきて、いつの間にか、まるでもとからあった日本語のように使われていることばがあります。中には、元の意味とはかなり違った意味になってしまっているものもあります。

たとえば「さぼる」という日本語は、しなくてはいけないことなのに、しないで、すますことを意味しています。しかし元はフランス語で、「木でできた靴（くつ）」から出たことばなのです。

それは、こういうわけです。今から300年くらい前、工場の中にたくさんの機械が持ち込まれて、そのために働く人たちが首を切られてしまいました。腹を立てた働く人たちが「こんな機械のせいで、オレたちは仕事を失った」と怒って、靴を脱いで機械をこわし始めました。その人たちの靴は木でできていたのでかなりの機械がこわれたそうです。この木の靴のことをフランス語でサボ（sabot）といいます。

ここから「サボタージュ」ということばが生まれ、「わざと仕事を休むこと」を「さぼる」というようになりました。

同じように、かなりたくさんの外国のことばが日本語の中に入ってきています。

# いろいろな外来語　2

なまえ：

日本語のいろいろなことばが、もともとは外国語からきています。
右のことばは、もとはどんな国（地方）のどんな意味だったのでしょう。
線でつないでください。

| | |
|---|---|
| ①「お化粧（けしょう）」という意味のフランス語 | シャボン |
| ② クリーム入りキャベツ（フランス語） | イクラ |
| ③ カスティリャ地方のお菓子（かし） | ピーマン |
| ④ ポルトガル語のせっけん | トイレ |
| ⑤ オランダ語の「手に負えない子」 | シュークリーム |
| ⑥ 計算機という意味の英語 | コンピュータ |
| ⑦ 魚の卵という意味のロシア語 | おてんば |
| ⑧ トウガラシという意味のフランス語 | カステラ |

# いろいろな外来語 3

なまえ：

日本語のいろいろなことばが、もともとは外国語からきています。
右のことばは、もとはどんな国のどんな意味だったのでしょう。
線でつないでください。

| | |
|---|---|
| ①「白い山」という意味のフランス語 | ミシン |
| ②機械という意味の英語 | ビール |
| ③土地という意味のドイツ語 | アルバイト |
| ④「共に」という意味のフランス語 | ゲレンデ |
| ⑤「回復させる所」という意味のフランス語 | リュックサック |
| ⑥「飲む」のラテン語 | アベック |
| ⑦ドイツ語で仕事という意味 | レストラン |
| ⑧背中の袋という意味のドイツ語 | モンブラン |

きのくに子どもの村のおもしろ学習プリント　ことば

# 詩と俳句と短歌と川柳　1（俳句）

なまえ：

俳句は 5－7－5の音をつなげてできる、いちばん短い詩です。（5－7－5の音にこだわらない作品もあります。）次の俳句は、A、B、のどちらの景色や気持ちを表しているでしょう。

## ①はつゆきやいろとりどりのくつのあと（小5女子）

A 初雪だ。子どもたちがさまざまな色のくつで登校している。

B 初雪だ。雪の上にいろいろなくつあとができて、とてもにぎやかだ。

## ②七夕やナスビのウマが尾をふって（小5男子）

A 七夕でナスに足としっぽをつけてウマにしてかざった。うれしそう。

B 七夕なのに竹につけるおもちゃがないので……。

## ③菜の花や月は東に日は西に（与謝蕪村）

A 一面菜の花畑の夕暮れだ。月は東からのぼり日は西に沈んでいく。なんと美しくて雄大な景色だろう。

B 沈みゆく太陽とのぼりはじめた月が見られるのは、めったにないことだ。

## ④閑さや岩にしみいる蝉の声（松尾芭蕉）

A ふだんは静かな大きな岩のかべに、セミが何匹か鳴いている。

B この大きな岩かべに、セミの鳴き声が吸い込まれていくようだ。そのためにかえって、まわりも心の中も静かになったような気がする。

## ⑤分けいつても分けいつても青い山（種田山頭火）

A 人間社会につかれた私は、旅をつづけても孤独感が増すばかり。

B 人間社会につかれた私だけど、命をさずかったのはありがたいことだ。生きていこう。

# 詩と俳句と短歌と川柳　２（短歌）

なまえ：

**短歌は、５－７－５－７－７の音をつなげてできる短い詩です。（短歌は和歌ともよばれます。俳句と同じように、ぴったり５－７－５－７－７にならないこともあります。）**
**次の短歌は、A、B、のどちらの景色や気持ちを表しているでしょう。**

**①東海の小島の磯の白砂に / われ泣きぬれて / 蟹とたはむる**（石川啄木）

＊ / は原文で改行されているところ。

A さびしい砂浜でふるさとの村のことを思い出すと涙が止まらない。
B さびしい砂浜でむかし別れた女の人のことを思い出して涙が止まらない。

**②人もなきむなしき家は草枕旅にまさりて苦しかりけり**（大伴旅人）

A 一人旅のとちゅうで空き家にとまることほどつらいことはない。
B 旅から帰ってきても、妻はもうこの世にはいない。つらくてたまらない。

**③飲むなと叱り叱りながらに母がつぐうす暗き部屋の夜の酒のいろ**（若山牧水）

A 酒が大好きな息子に母は「飲みすぎはダメ」と注意する。しかし、その母がついでくれた今夜の酒の色は、なんと美しいことか。
B 大酒のみの息子に「酒はこれが最後よ。明日からはダメ」という。

**④たのしみは三人の児どもすくすくと大きくなれる姿みる時**（橘曙覧）

A 私の楽しみは、三人の子どもがすこやかに育っていくことだ。
B 私の楽しみは、三人の子どもがとにかく育っていくことだ。。

**⑤この世をばわが世とぞ思ふ望月の欠けたることもなしと思へば**（藤原道長）

A 今夜はきれいな満月が出ていて素晴らしいと思う。きれいな月が見えるこの世界は最高だ。
B この世界で私の思い通りにならないものはない。満月のように私は満ち足りている。

# 詩と俳句と短歌と川柳　3（詩）

なまえ：

## わたしと小鳥とすずと

わたしが両手をひろげても、
お空はちっともとべないが、
とべる小鳥はわたしのように、
地面をはやくは走れない。

わたしがからだをゆすっても、
きれいな音はでないけど、
あの鳴るすずはわたしのように
たくさんなうたは知らないよ。

すずと、小鳥と、それからわたし、
みんなちがって、みんないい。

『金子みすゞ童謡集　わたしと小鳥とすずと』（JULA 出版局）より

今から１００年ほど前の山口県に、金子みすゞという詩人がいました。たくさんの詩をのこして、わずか２６歳で亡くなったのですが、この詩は多くの人に今も愛されています。次の作品もよく知られています。

## ゆめ売り

年のはじめに
ゆめ売りは、
よいはつゆめを
売りにくる。

たからの船に
山のよう、
よいはつゆめを
つんでくる。

そしてやさしい
ゆめ売りは、
ゆめの買えない
うら町の、
さびしい子らの
ところへも、
だまってゆめを
おいてゆく。

『金子みすゞ童謡集　明るいほうへ』（JULA 出版局）より

# 詩と俳句と短歌と川柳　４（詩）

なまえ：

山のあなたの空とおく
さいわいすむと人のいう
ああ、われ、人ととめゆきて
なみださしぐみ　かえりきぬ
山のあなたの　なおとおく
さいわいすむと、人のいう

カール・ブッセ作／上田敏訳

○カール・ブッセ
（1872-1918）

ドイツの詩人で小説家。代表作は『青春の嵐』。

この詩を訳した上田敏は、明治時代の詩人で文芸評論家。のちに京都大学教授。

## 次の文も読んでみよう

あの空のずっとむこうには幸福（こうふく）（しあわせ）があると、いろいろな人がいっている。だから私は、愛（あい）する人といっしょに、その幸福をさがしに出かけた。でも、幸福は見つからなかった。あの山のむこうの、そのまたむこうに幸福があると、人はいうのだけれど……。

しんちゃんは、５年生になったころにこの詩を知った。そしてすっかり心をうばわれてしまった。

しんちゃんの家は、田舎（いなか）の村のはずれにある。屋敷（やしき）はけっこう広い。その屋敷の西のはしっこに、なぜか大きな石がおいてある。しんちゃんはその石にこしをおろして、夕日が山にしずむのを見るのが好（す）きだ。………「遠（とお）くへ行きたい」という気持ちは、ますます強（つよ）くなった。あの山のむこうには何があるんだろう。そのむこうの、そのまた遠くには……！　ああ、行きたいなあ、早くおとなになりたいなあ。そんなことを、いつも思っているしんちゃんでした。（堀真一郎『ごうじょう者のしんちゃん』）

きのくに子どもの村のおもしろ学習プリント　ことば

# 詩と俳句と短歌と川柳　５（川柳）

なまえ：

川柳（せんりゅう）は俳句のように５－７－５の音をつなげてできる詩の形です。俳句は、季節や自然を短い詩にすることが多いのにくらべて、川柳は日ごろのおもしろい出来事（できごと）や世の中の動きを作品にすることが多いようです。

**作品例**

とうちゃんとかあちゃんケンカぼくにげる
お年玉もらったときだけ大ふごう
どの人もなんでもコロナのせいにする
夢の中ぼくサッカーの名選手
先生はなかよく遊ぶ友だちだ
中学校できるぞこれで一安心（ひとあんしん）
（小学校だけだとしんぱい。でも中学校もできるんだ。）

**おもしろい川柳をつくってみよう！**

きのくに子どもの村のおもしろ学習プリント　ことば

# いろいろな地名 1

なまえ：

日本の都道府県（とどうふけん）別の地図です。線で示された都道府県の名前を四角の中に書き入れてください。（北海道・東北・関東・中部地方にある都道府県）

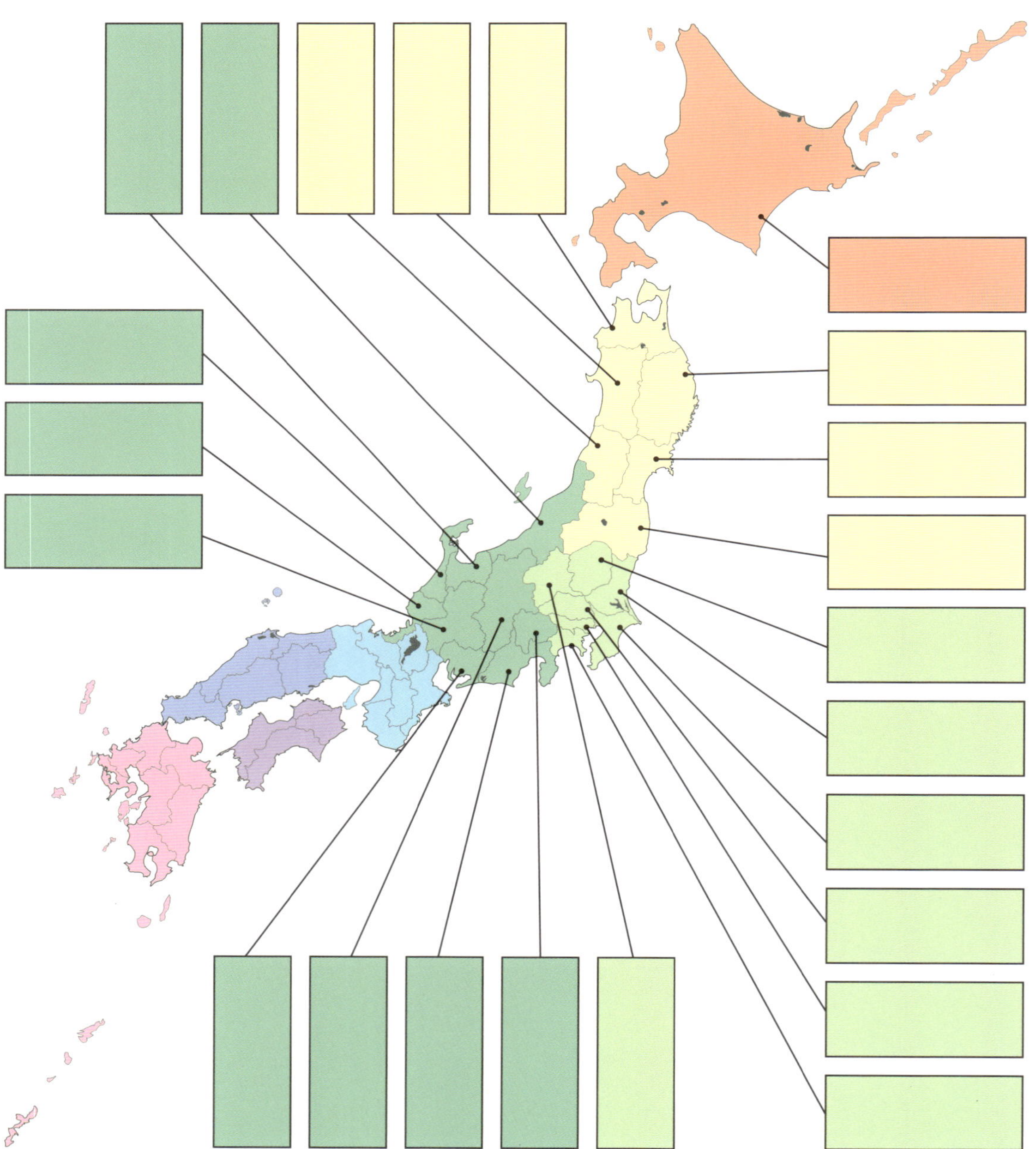

# いろいろな地名　2

なまえ：

日本の都道府県別の地図です。線で示された都道府県の名前を四角の中に書き入れてください。（近畿・中国・四国・九州地方にある都道府県）

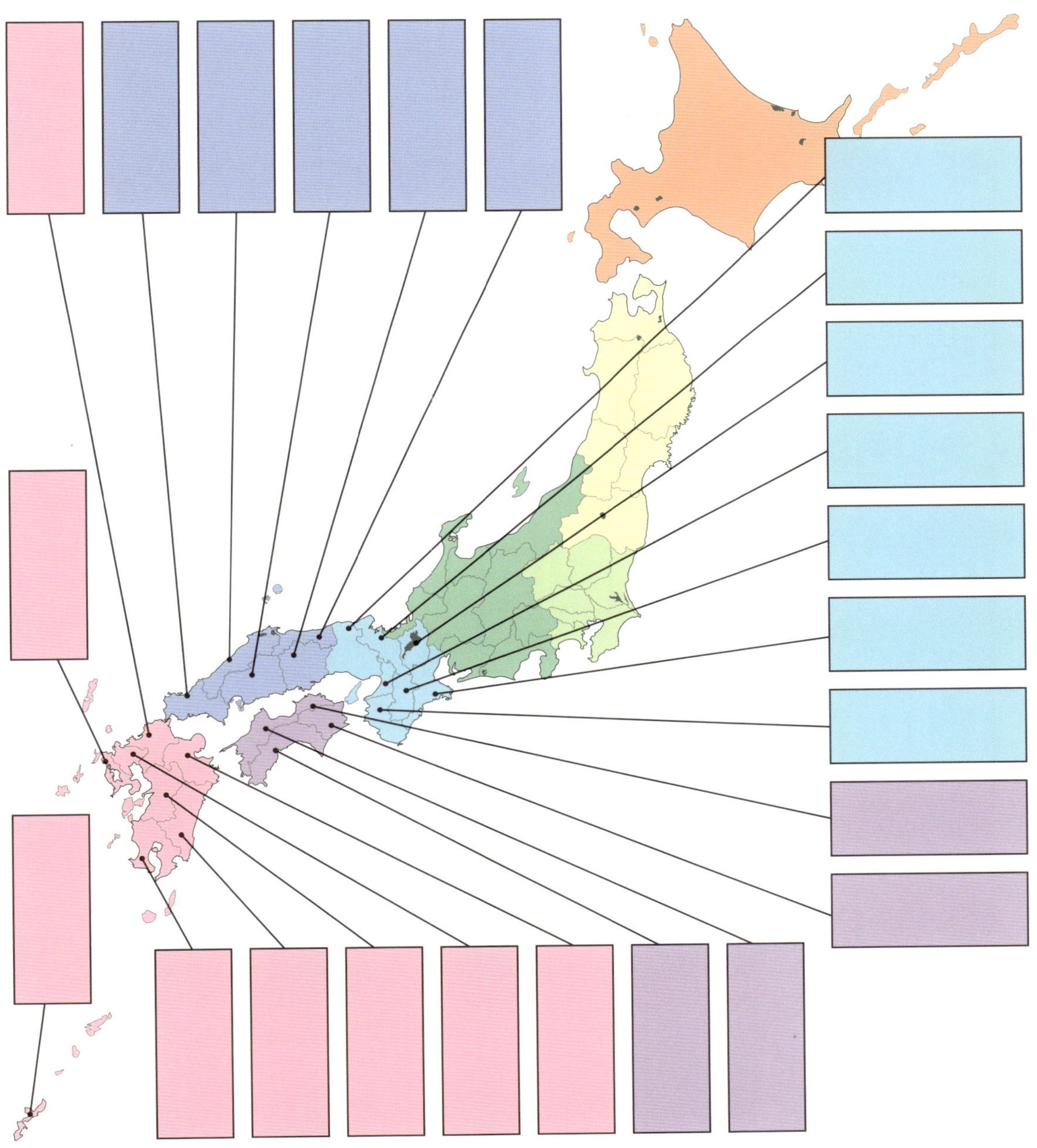

きのくに子どもの村のおもしろ学習プリント　ことば

# いろいろな地名　3

なまえ：

私たちの国には、すばらしい観光(かんこう)名所がたくさんあります。ヒントを参考(さんこう)にして、それぞれに読み仮名(がな)をつけてください。
その場所がある都道府県(とどうふけん)を四角の中に書き入れましょう。

ヒント：「いろいろな地名」１・２のプリントを参考にしましょう。

しょうわしんざん

さんないまるやまいせき、かんとうまつり、ちゅうそんじ、ざおう（じゅひょう）、いなわしろこ

にっこうとうしょうぐう、さいごうたかもりぞう、かまくらだいぶつ

しらかわごう、すわこ、きょうりゅうはくぶつかん

びわこ、こうやさん、ならだいぶつ、ひめじじょう

とっとりさきゅう、いずもたいしゃ、げんばくドーム

りつりんこうえん、かつらはま

だざいふてんまんぐう、あそさん、たかちほきょう、しゅりじょう

（　　　　　　　　）

昭和新山

きのくに子どもの村のおもしろ学習プリント　ことば

# いろいろな地名 4

なまえ：

私たちの国には、すばらしい観光(かんこう)名所がたくさんあります。ヒントを参考(さんこう)にして、それぞれに読み仮名(がな)をつけてください。
その場所がある都道府県(とどうふけん)を四角の中に書き入れましょう。

ヒント：「いろいろな地名」１・２のプリントを参考にしましょう。

(　　　　　　　)
三内丸山遺跡

(　　　　　　　)
竿灯祭り

(　　　　　　　)
中尊寺

(　　　　　　　)
蔵王（樹氷）

きのくに子どもの村のおもしろ学習プリント　ことば

# いろいろな地名　5

なまえ：

私たちの国には、すばらしい観光(かんこう)名所がたくさんあります。ヒントを参考(さんこう)にして、それぞれに読み仮名(がな)をつけてください。
その場所がある都道府県(とどうふけん)を四角の中に書き入れましょう。

ヒント：「いろいろな地名」１・２のプリントを参考にしましょう。

(　　　　　　　　)

猪苗代湖

(　　　　　　　　)

日光東照宮

(　　　　　　　　)

西郷隆盛像（上野公園）

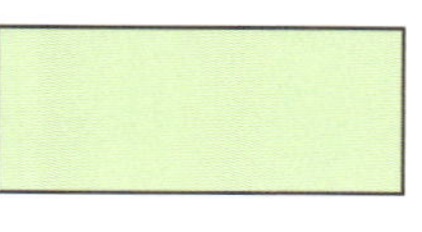

(　　　　　　　　)

鎌倉大仏

# いろいろな地名　6

なまえ：

私たちの国には、すばらしい観光名所がたくさんあります。ヒントを参考にして、それぞれに読み仮名をつけてください。
その場所がある都道府県を四角の中に書き入れましょう。

ヒント：「いろいろな地名」１・２のプリントを参考にしましょう。

(　　　　　　)
白川郷

(　　　　　　)
諏訪湖

(　　　　　　)
恐竜博物館

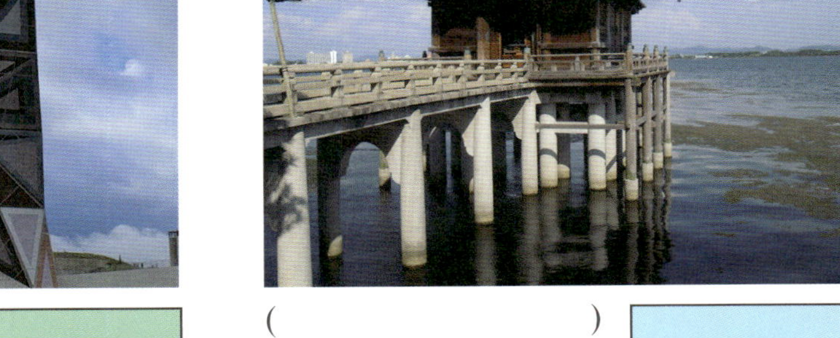

(　　　　　　)
琵琶湖

きのくに子どもの村のおもしろ学習プリント　　ことば

# いろいろな地名　7

なまえ：

**私たちの国には、すばらしい観光（かんこう）名所がたくさんあります。ヒントを参考（さんこう）にして、それぞれに読み仮名（がな）をつけてください。**
**その場所がある都道府県（とどうふけん）を四角の中に書き入れましょう。**

ヒント：「いろいろな地名」１・２のプリントを参考にしましょう。

（　　　　　　　　）
高野山

（　　　　　　　　）
奈良大仏

（　　　　　　　　）
姫路城

（　　　　　　　　）
鳥取砂丘

きのくに子どもの村のおもしろ学習プリント　　ことば

# いろいろな地名　8

なまえ：

私たちの国には、すばらしい観光(かんこう)名所がたくさんあります。ヒントを参考(さんこう)にして、それぞれに読み仮名(がな)をつけてください。
その場所がある都道府県(とどうふけん)を四角の中に書き入れましょう。

ヒント：「いろいろな地名」１・２のプリントを参考にしましょう。

(　　　　　　　　)

出雲大社

(　　　　　　　　)

原爆ドーム

(　　　　　　　　)

栗林公園

(　　　　　　　　)

桂浜

きのくに子どもの村のおもしろ学習プリント　ことば

# いろいろな地名 9

なまえ：

私たちの国には、すばらしい観光(かんこう)名所がたくさんあります。ヒントを参考(さんこう)にして、それぞれに読み仮名(がな)をつけてください。
その場所がある都道府県(とどうふけん)を四角の中に書き入れましょう。

ヒント：「いろいろな地名」１・２のプリントを参考にしましょう。

(　　　　　　　　)
太宰府天満宮

(　　　　　　　　)
阿蘇山

(　　　　　　　　)
高千穂峡

(　　　　　　　　)
首里城

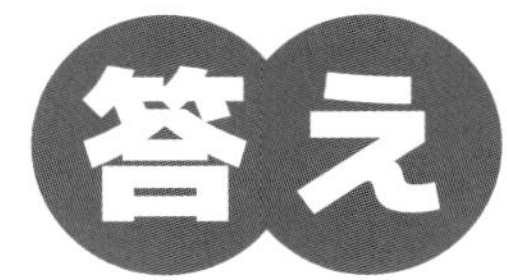

# 答え

**ひらがな１―５**　こいのぼり　にんぎょう　ままごと　はねつき　ぬいぐるみ　ふうせん　かぐやひめ　だいぶつ　めがね　かすてら　きゅうきゅうしゃ

**ひらがな２―１**　いぬ　ぶどう　さくら　むささび　ゆでたまご　てつぼう　おにぎり　すし　なわとび　ざるそば　たぬき　おしろ

**ひらがな２―２**　ねこ　ししまい　ねずみ　きんぎょ　けんだま　こうばん　ごはん　こばん　たなばた　ろうや　はなび

**ひらがな２―３**　やきゅう　べんとう　わに　きつね　かたつむり　すいか　もっこう　てるてるぼうず　えんぴつ　つりばし　わなげ

**ひらがな２―４**　びょういん　びよういん　きょうりゅう　おみこし　おに　にわとり　はち　かなづち　ちょうちょう　けいと　とけい

**ひらがな２―５**　①は、へ　②は　③え、へ　④お、を　⑤は、を

**おもしろい言い方１**　サルも木からおちる―⑤　馬の耳に念仏―⑥　牛のよだれ―①　虎の子―②　カエルの面に水―③　カラスの行水―④

**おもしろい言い方２**　ブタにしんじゅ―④　カエルの子はカエル―①　ネコの手もかりたい―⑤　犬猿のなか―②　エビでタイをつる―⑥　スズメのなみだ―③

**おもしろい言い方３**　とんぼがえり―③　タヌキ寝入り―④　あぶはち取らず―⑤　かりてきたネコ―①　うなぎのぼり―②

**おもしろい言い方４**　同じあなのムジナ―④　サルまね―⑤　しゃちほこばる―①　しりきれとんぼ―⑥　月とスッポン―③　ねこなでごえ―②

**おもしろい言い方５**　①A　②B　③A　④B　⑤B　⑥A

**おもしろい言い方６**　①お客様がたくさんのお土産をくださった。
②郵便局は、信号のむこうにあります。
③この次は、いつ、いらっしゃいますか。
④ご入学、おめでとうございます。
⑤会社へうかがい社長にお会いした。（お目にかかった）

**わらいばなし１**　B

**わらいばなし２**　A

**ことわざ１**　①A　②B　③B　④A　⑤B　⑥A

**ことわざ２**　①B　②B　③A　④B　⑤A　⑥A

**ことわざ３**　①B　②A　③B　④B　⑤B　⑥A

**漢字のひみつ１・漢字の読み方いろいろ１**　とうきょうと　たいよう、ひがし、そら　あずま
みなみじゅうじせい　なんかいでんしゃ　なみあみだぶつ
えき、にしぐち　せいよう
きたきゅうしゅう　ほくとしちせい　はいぼく

**漢字のひみつ１・漢字の読み方いろいろ２**　べんり　たっきゅうびん　たよ　おく
りゅうがく　るすばんでんわ　かきとめゆうびん
ほん、よ　どくしょしゅうかん　くとうてん、う
あに　おとうと　あ　きょうだい
たいいく　からだ　ていさい、わる

**漢字のひみつ３**　川合、谷屋、小林、森下、高畑、西尾、島田、野口、村井……など

**漢字のひみつ５・変わった読み方１**　①さすが　おおたにしょうへい　いちりゅうせんしゅ
②おおゆき　かぜ　ふ　ふぶき
③でこぼこ　おお　ある　みち
④ちゅうごくさん　みやげ
⑤たちうお　さんま　ほそなが
⑥びしょう　ほほえ
⑦せんせい　やま　ほう　い　ゆくえふめい

**漢字のひみつ５・変わった読み方２**　①せいかてん　くだもの　か
②は　そら　まっさお
③いなか　た　なえ　う
④しん（(著者のあだ名）まこと・まさなど）　ごうじょう　まじめ
⑤にゅうわ　かお　じゅうどうせんしゅ
⑥ごがつついたち　さつきば
⑦しちがつなのか　たなばた

**漢字のひみつ５・変わった読み方３**　①いちだいじ　たにんごと
②ただ　わら　えがお　おお
③ぶたい　うえ　せりふ　れんしゅう　はじ
④せんせい　しばふ　なま　の
⑤あか　ちい　まめ　あずき
⑥さみだれ　ごがつ　ふ　あめ
⑦あし　ふくろ　たび

**つなぎのことば１**　①しかし、　②そして、　③なぜなら、　④それとも、　⑤だから、

**つなぎのことば２**　①ところが、　それだけではなくて、　②それでも、すると、
③そのうえ、　④こういうわけで、しかし、

**長い文を読む１**　(1) どうろ　さむ、あさ　あさ、いけ　しお　ろうじん
(2) 塩をまくことで氷ができなくなることをふまえて文章を展開する。

**長い文を読む２**　(1) ゆきみち　お、あな　ふか　みごと　にもつ　しかた
(2) いたずら好きであることと、最後の「でも……、」をふまえて、文章を展開する。

**ローマ字２**　パンダ　コアラ　おにぎり
すし　つみき　ふじさん
かっぱ　トランポリン　つくし

**ローマ字４**　ohayo　konbanwa　konnichiwa　ohayo gozaimasu　oyasuminasai
arigato gozaimasu　gochisosama
Hokkaido　Sapporo　Kyusyu　Shikoku　Nagasaki　Setonaikai
Yano Rieko　Sato Mariko　Morita Taro　Mori Shin-ichi

**いろいろな外来語２**　①トイレ（小さな布の説もある）　②シュークリーム　③カステラ
④シャボン　⑤おてんば　⑥コンピュータ　⑦イクラ　⑧ピーマン

**いろいろな外来語３**　①モンブラン　②ミシン　③ゲレンデ　④アベック　⑤レストラン
⑥ビール　⑦アルバイト　⑧リュックサック

**詩と俳句と短歌と川柳１**　①Ｂ　②Ａ　③Ａ　④Ｂ　⑤Ｂ

**詩と俳句と短歌と川柳２**　①Ｂ　②Ｂ　③Ａ　④Ａ　⑤Ｂ

**詩と俳句と短歌と川柳５**　５７５のリズムで季語を使わずに作ってみよう。

**いろいろな地名１／いろいろな地名２**　▶p100、p101 にあります。

**いろいろな地名３**　しょうわしんざん　北海道

**いろいろな地名４**　さんないまるやまいせき…青森県／かんとうまつ（り）…秋田県
ちゅうそんじ…岩手県／ざおう（じゅひょう）…山形県、宮城県

**いろいろな地名５**　いなわしろこ…福島県／にっこうとうしょうぐう…栃木県
さいごうたかもりぞう（うえのこうえん）…東京都
かまくらだいぶつ…神奈川県

**いろいろな地名６**　しらかわごう…岐阜県／すわこ…長野県
きょうりゅうはくぶつかん…福井県／びわこ…滋賀県

**いろいろな地名７**　こうやさん…和歌山県／ならだいぶつ…奈良県
ひめじじょう…兵庫県／とっとりさきゅう…鳥取県

**いろいろな地名８**　いずもたいしゃ…島根県／げんばく（ドーム）…広島県
りつりんこうえん…香川県／かつらはま…高知県

**いろいろな地名９**　だざいふてんまんぐう…福岡県／あそさん…熊本県
たかちほきょう…宮崎県／しゅりじょう…沖縄県

いろいろな地名１

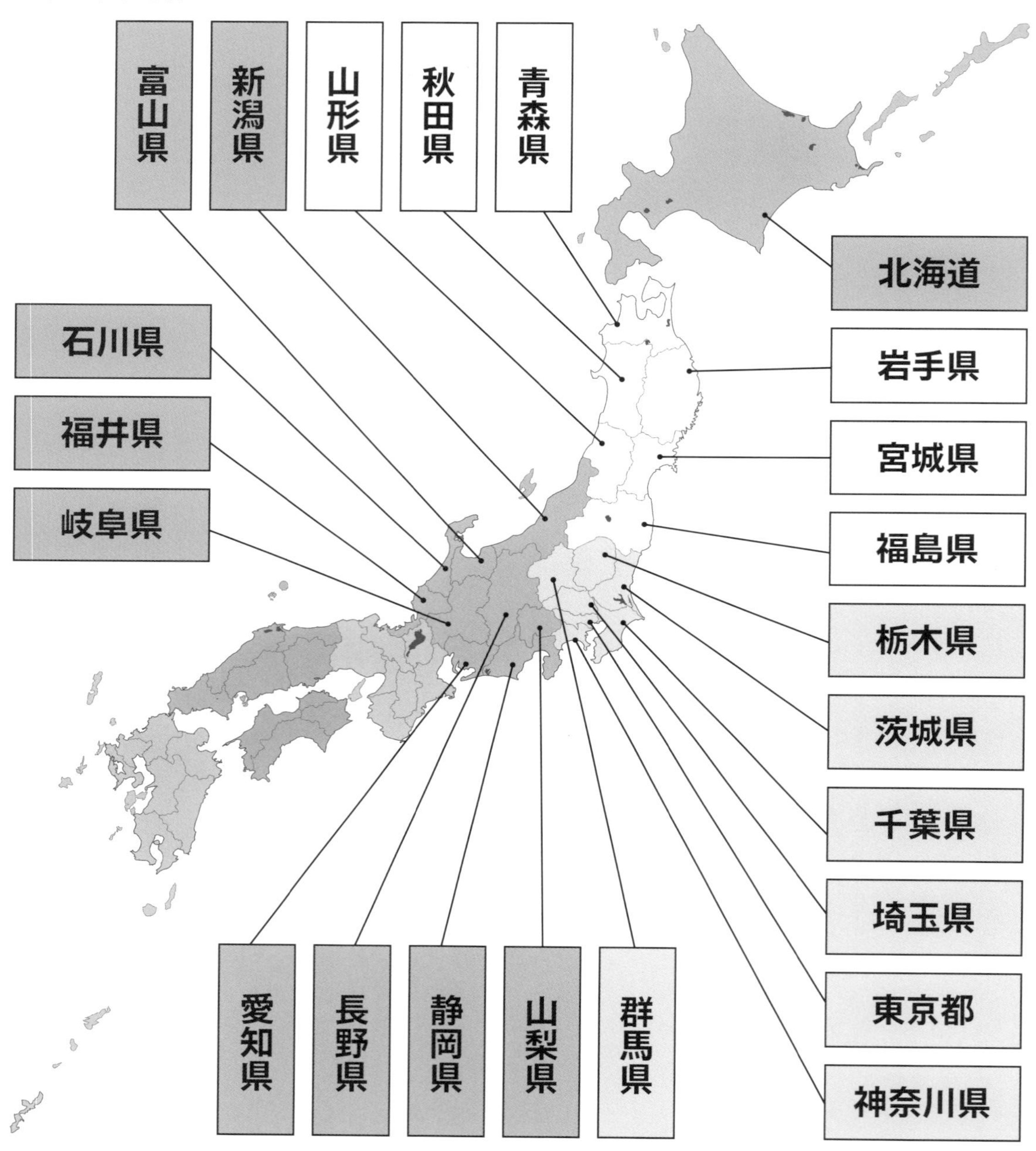
富山県
新潟県
山形県
秋田県
青森県
北海道
石川県
福井県
岐阜県
岩手県
宮城県
福島県
栃木県
茨城県
千葉県
埼玉県
東京都
神奈川県
愛知県
長野県
静岡県
山梨県
群馬県

いろいろな地名２

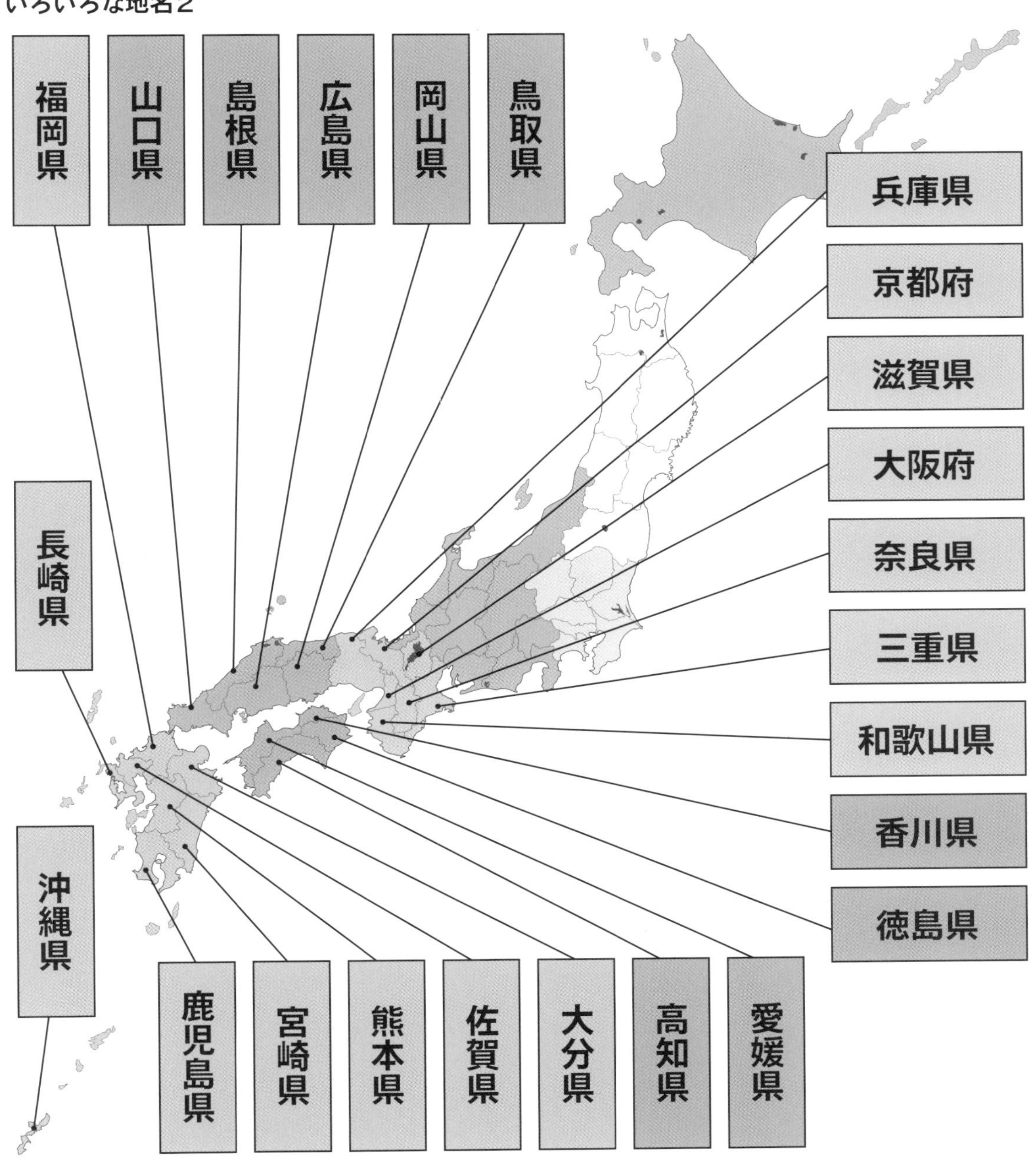
福岡県
山口県
島根県
広島県
岡山県
鳥取県
兵庫県
京都府
滋賀県
大阪府
奈良県
三重県
和歌山県
香川県
徳島県
長崎県
沖縄県
鹿児島県
宮崎県
熊本県
佐賀県
大分県
高知県
愛媛県

●監修者紹介

堀　真一郎

1943年福井県勝山市生まれ。66年京都大学教育学部卒業。69年同大学大学院博士課程を中退して大阪市立大学助手。90年同教授（教育学）。大阪市立大学学術博士。

ニイル研究会および「新しい学校をつくる会」の代表をつとめ，92年4月和歌山県橋本市に学校法人きのくに子どもの村学園を設立。94年，大阪市立大学を退職して，同学園の学園長に専念し，現在に至る。

主な著書と訳書

『自由教育の名言に学ぶ—子どもは一瞬一瞬を生きている』（黎明書房，2023）

『新装版　きのくに子どもの村の教育—体験学習中心の自由学校の20年』（黎明書房，2022）

『教育の革新は体験学習から—堀真一郎教育論文集』（黎明書房，2022）

『新訳　ニイルのおバカさん—A.S. ニイル自伝』（黎明書房，2020）

『ごうじょう者のしんちゃん』（黎明書房，2020）

『新装版　増補・自由学校の設計—きのくに子どもの村の生活と学習』（黎明書房，2019）

A. S. ニイル『新版ニイル選集・全5巻』（黎明書房，2009）

『自由学校の子どもたち—きのくに子どもの村のおもしろい人々』（黎明書房，1998）

『きのくに子どもの村—私たちの小学校づくり』（ブロンズ新社，1994）

『教育の名言—すばらしい子どもたち』（共著，黎明書房，1989）

『自由を子どもに—ニイルの思想と実践に学ぶ』（編著，文化書房博文社，1985）

『世界の自由学校』（編著，麦秋社，1985）

『ニイルと自由な子どもたち—サマーヒルの理論と実際』（黎明書房，1984）

J. アルヴァン『自閉症児のための音楽療法』（共訳，音楽之友社，1982）ほか。

連絡先 〒648-0035 和歌山県橋本市彦谷51番地　きのくに子どもの村学園

☎ 0736-33-3370 ／ E-mail：info@kinokuni.ac.jp

**きのくに子どもの村小学校の手づくりおもしろ学習プリント**
**［ことば］**

2024年11月25日　初版発行

監修者　堀　真一郎
発行者　武馬久仁裕
印刷　藤原印刷株式会社
製本　協栄製本工業株式会社

発行所　株式会社　黎明書房

〒460-0002　名古屋市中区丸の内3-6-27　EBSビル
☎ 052-962-3045　FAX052-951-9065　振替・00880-1-59001
〒101-0047　東京連絡所・千代田区内神田1-12-12　美土代ビル6階
☎ 03-3268-3470


ISBN978-4-654-02405-6